Dietrich Gümbel

Die Durchlichtung der Dunkelheit

Dietrich Gümbel

Die Durchlichtung der Dunkelheit

Signaturen in Wort und Bild

Fromm Verlag

Imprint
Any brand names and product names mentioned in this book are subject to trademark, brand or patent protection and are trademarks or registered trademarks of their respective holders. The use of brand names, product names, common names, trade names, product descriptions etc. even without a particular marking in this work is in no way to be construed to mean that such names may be regarded as unrestricted in respect of trademark and brand protection legislation and could thus be used by anyone.

Cover image: Vom Autor bereitgestellt

Publisher:
Fromm Verlag
is a trademark of
International Book Market Service Ltd., member of OmniScriptum Publishing Group
17 Meldrum Street, Beau Bassin 71504, Mauritius
Printed at: see last page
ISBN: 978-613-8-36958-5

Die Durchlichtung der Dunkelheit

- Signaturen in Wort und Bild -

von / by

Dietrich Gümbel

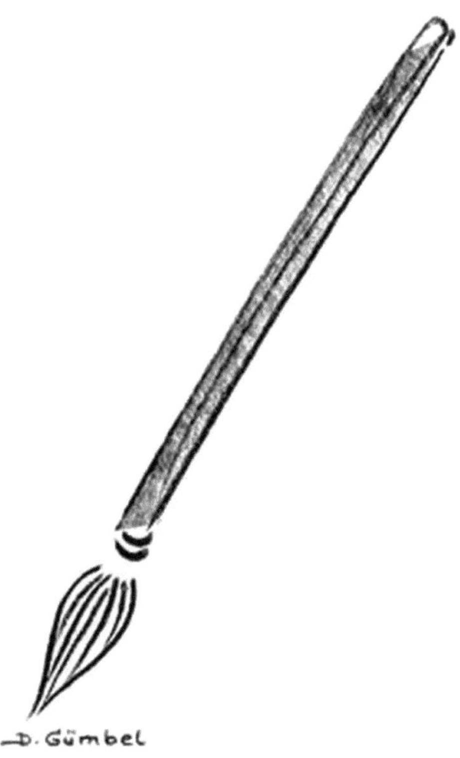

Danksagung

Meine Übersetzung von der deutschen in die englische Sprache bedurfte der Überarbeitung durch meine amerikanische Kollegin Dr.Veronica Sauter, USA mit der ich schon seit über zwanzig Jahren in Praxis und Lehre der Cosmo-Therapie (*siehe: Healing through the Senses – Sensing the Spiritual World)* und weiteren englischsprachigen Publikationen erfolgreich zusammengearbeitet habe. Diese kollegiale Ergänzung erlaubt es mir dieses Kunst-Büchlein auch in Englisch zu veröffentlichen, wofür ich ihr von Herzen danke.

Dietrich Gümbel in November 2020

VORWORT als EINFÜHRUNG

In diesem Büchlein enthüllen die einfachen Zeichnungen und Gedichte ein uns innewohnendes Motiv - den heilenden Gott in uns. Hier verschmelzen Wort und Bild zu einem Ganzen. Dieser künstlerische Ansatz spiegelt die Natur in einer bestimmten Weise wider. Nach der vom Schweizer Arzt und Alchimisten Paracelsus (1493-1541) beschriebenen "*Signaturenlehre*" weist er darauf hin, dass die Form der Organe einer Pflanze - Wurzeln, Blätter, Blüten, Früchte und Samen - die Wirkung ihrer Heilkräfte auf ähnlich geformte menschliche Organe ausdrückt. Aus der Form der Pflanzenteile und der Verbindungen, die auch für den einzigartigen Duft der gewonnenen ätherischen Öle verantwortlich sind, kann man den Zusammenhang ihrer Wirkung auf die Organfunktion und damit ihre heilenden Eigenschaften erkennen.Harmonie und Ausgeglichenheit sind die Früchte dieses kreativen Prozesses.

Es ist der Geist, der das innere Licht in uns entzündet, um unsere Seele und unseren Körper zu erleuchten. Die Kunst hat dieses Ziel immer dann verfolgt, wenn die Schöpfung eines Künstlers in uns das Göttliche - den wesentlichen Schöpfungsakt des Schöpfers – in uns selbst erwecken soll.

Dietrich Gümbels kreativer Antrieb spiegelt sich in seinem Motto wider:

Im Sinnlichen das Übersinnliche zu entdecken ist der Schlüssel zur Neuen Welt.

Dr. Veronica Sauter, 01.Nov.2020, Blue Bell PA, USA

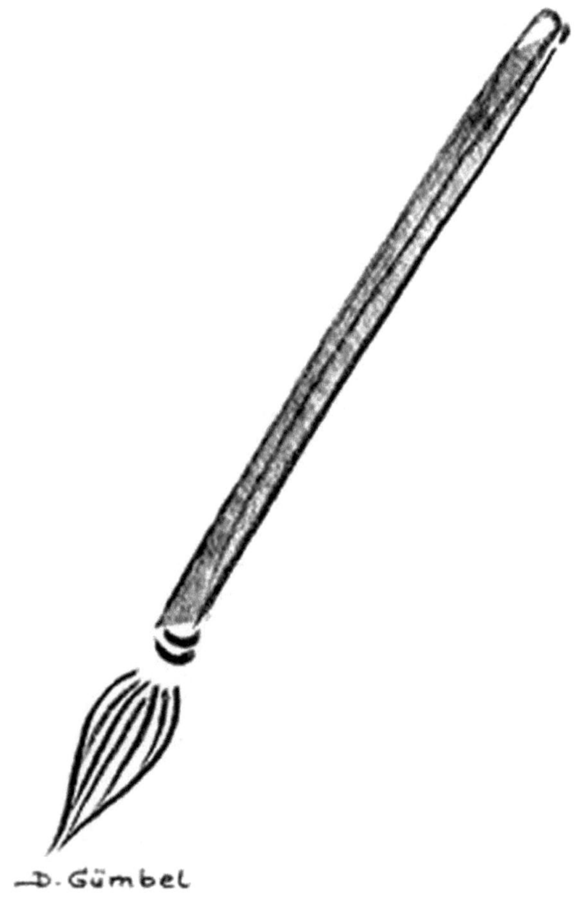

Abb.1, Signatur-Pinsel

In der Hand des Malers kann der Pinsel zum Zepter werden,
der Himmel und Erde verbindet.

Abb.2, Bergkristall

Lichtmacht

Es ist die Dunkelheit

in der sich das Licht

leuchtend selbst erkennt

und die Dunkelheit als solche

durch Licht
welches sie schwinden macht.

Abb.3, Ostermorgen

Menschwerdung ist die Inkarnation

des Himmels auf Erden

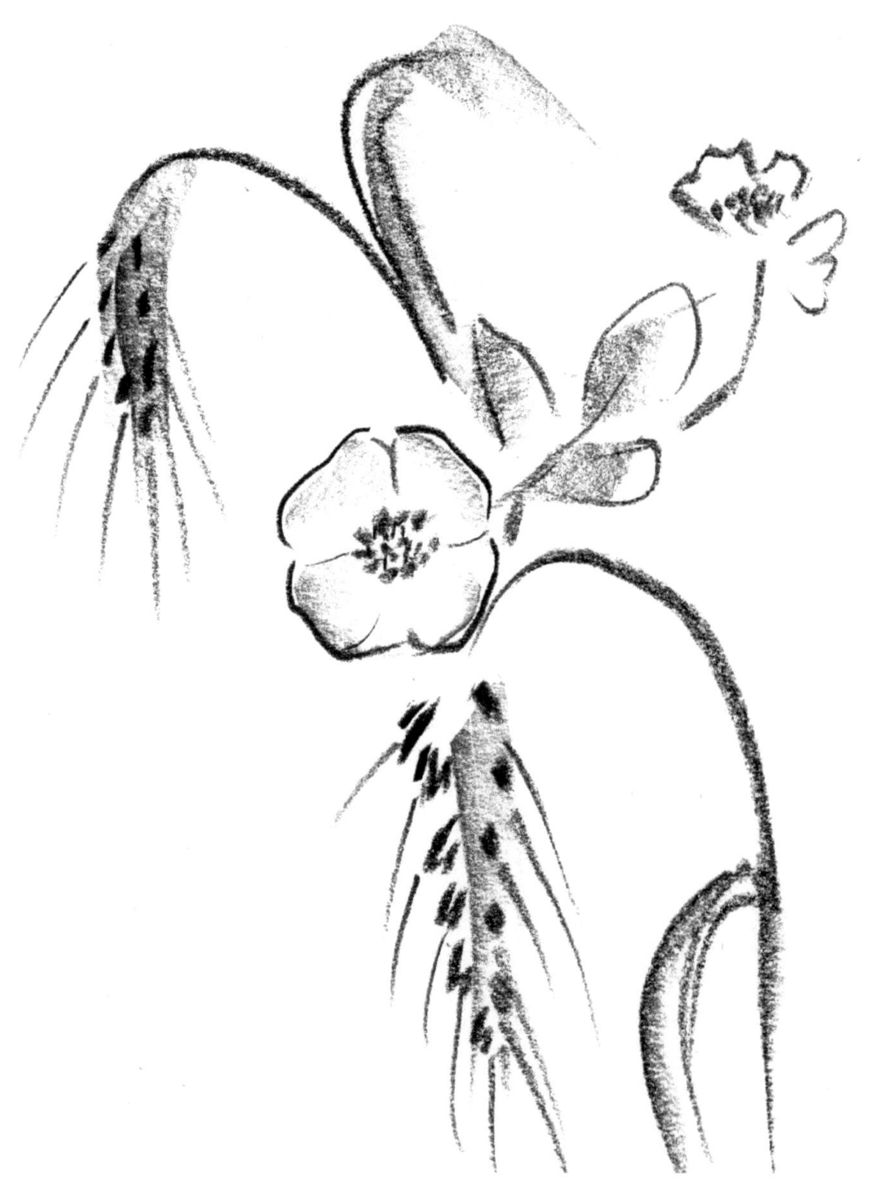

Abb.4, Vereinigung

Vereinigung

Blüten, Früchte und Samen
sind geworden aus der Vermählung von Dunkelheit und Licht.

Samen keimen in der Dunkelheit der Erde zum Licht der Sonne
deren Strahlen mit dem Wachstum
leuchtende Blätter der Blüte zeitigen -
die Aromen der Früchte
und den
göttlichen Keim in jedem Samenkorn.

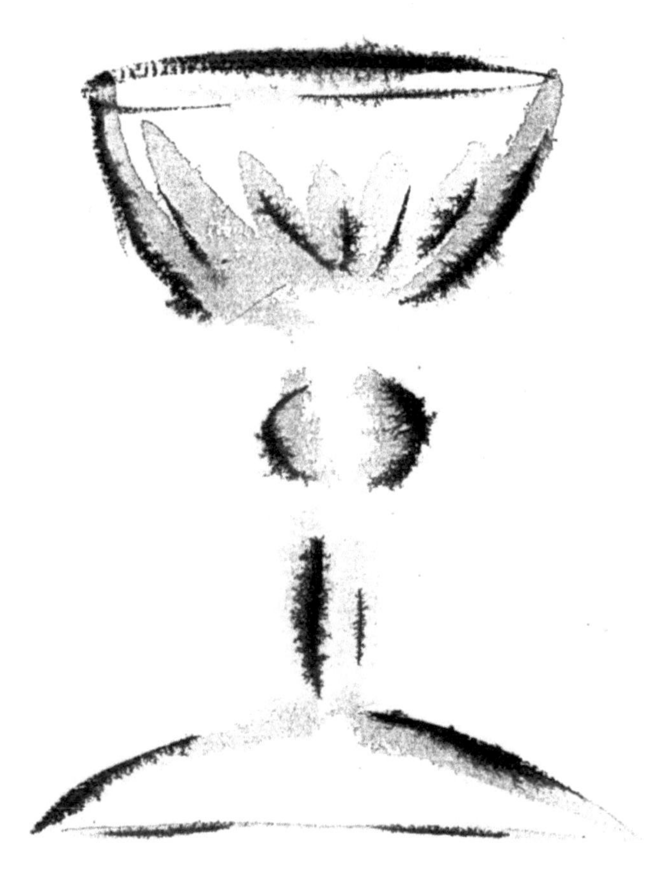

Abb.5, Gral

Gralsmythos

Der Leib ist das Gefäß

für unsere Seele

und für den Geist der alles formt

der uns durchlichtet

bis alles eins geworden ist

in Transparenz.

Abb.6, Brautpaar

Licht und Liebe

Licht ist die männliche Form
von Gottes Liebe –
Liebe ist die weibliche Form
von Gottes Licht –
denn
ER IST EINS
doch der Sinn von Licht und Liebe
ist der Mensch – bist du –
beflügelt durch deine Aufgabe
die dir von IHM gegeben
im Schöpfungsakt.

Abb.7, Beryll

Licht und Schatten

Im Licht der Sonne
wirft Dein Körper Schatten
der dir stetig folgt
doch wenn das Licht
von innen kommt
fällt kein Schatten mehr
und bist erleuchtet.

Abb.8, Möwe

Alles ist Schwingung

Das Wasser des Sees spielt ans Ufer –
die Blätter des Gebüsch's wedeln im Wind –
Vögel fliegen im Rhythmus der Flügel –
dein Herz schlägt und schickt Wellen von Lymphe und Blut
ans Ufer der Haut -
in lockigen Haaren spielt der Wind
bewegte Hände beschwingen dein Tun.

Alles ist Schwingung –
alles ist Rhythmus
weil sein auf und ab
sein hin und her
sein hoch und tief
Himmel und Erde verbinden –
alle Gegensätze zum Rhythmus des Lebens vereinend
denn unser Herz erkennt:
Wasser ist flüssige Schwingung
die sich mit der geistigen Schwingung des Lichts
im MENSCHEN erfüllt.

Abb.9, Feldlerche

Abb.10, Bewusstwerdung

Schatten und Licht

Schatten entsteht durch Licht
das von außen kommt - kommt es aber von innen,
lichtet sich alles auf -
Gott schuf die Dunkelheit
dass wir SEIN LICHT
in uns entdecken.

Abb.11, Feldhase / Hare

Jedes Tier

ist auch ein Teil von dir –

in deiner Seele.

Abb.12, Tröstung

Herzens-Sprache

Wer die Sprache des Herzens spricht
spricht alle Sprachen der Welt
wo immer die Sonne auch scheint.

Abb.13, Lamm

Anschauung

In allen Augen der Tiere
im Reh - dem Wolf - dem Lamm
der Katze – der Maus
dem Hund – dem Fisch und jedem Vogel
schaut der Schöpfer dich an –
ER leuchtet in den Blüten der Pflanzen
und im Grün der Blätter
wie in allen Mineralien und Edelsteinen –
– und alle sehnen sich danach erkannt zu werden
von IHM in dir.

Abb.14, Schwan

Wahrheit

Wahrheit ist
wenn sich Gefühl im Erkennen erlebt
und bis in den Leib spürbar
dich bleibend bewegt.

•

Abb.15, Magnolienblüte

Blühen

Blühen heißt für uns
sich dem Licht hingeben -
sich dem Licht öffnen
dass die Frucht reifen
und der Samen keimen kann
den ER uns verlieh.

Abb.16, Selbstbildnis

Vom Sinn des Seins

Der Mensch sinnt
über den Sinn des Seins
mit allen seinen Sinnen
und schaut die Schöpfung -
schaut in den Himmel über sich -
schaut Sonn' und Mond
und weit entfernte Sterne.

Was schaut er denn – wohin ?
in die Vergangenheit -
die sich als Gegenwart entfernte
mit Lichtgeschwindigkeit
Lichtjahrtausende entfernt von uns.

Schaust du aber dich
und alle SEINE Schöpfung
um dich herum -
schaust du die Gegenwart
die du selber bist – denn:

Nur in der Gegenwart ist Gott
und durch deine Augen
blickt ER schauend -
als SEIN
Augen-blick.

Abb. 17, Besinnung

Abb.18, Herz-Paar

Herzliebe

Die Trennung von
Himmel und Erde
von Gott und Mensch
beschert uns den Tod
und existiert nur so lange
bis sich in uns
die Wiederanbindung – die Religio
im Herzen vollzieht.

Abb.19, Wildrose

Weltenwende

Nicht der Untergang der Welt und des Menschen steht uns bevor
sondern die Blüte des Menschseins im Zentrum des Kosmos.
So wie der grüne Spross innehält und keine Blätter mehr treibt
sondern sich zentriert
im göttlichen Lichtkeim des Samens der Knospe und die Blüte
sich öffnet in leuchtenden Farben – alles Bisherige erhebend
in eine neue Dimension des Seins - so wandelt sich der Mensch
auf der Erde zu
SEINEM MENSCHSEIN.

Abb.20, Bachlauf

Wasser-Inspiration

Widerstände im Bach
erzeugen Wirbel
Sauerstoff ansaugend –
lebensfördernd -
Widerstände im Leben
wirbelt Gelebtes durcheinander
trägt Inspirationen ein –
entwicklungsfördernd.

Abb.21, Japanische Quitte

Blühendes Lächeln

Was für den Baum
die Blüte
ist für den Menschen das Lächeln.

Abb.22, Sommer

Sommerabend

Nach heißem Tag
die Stille steht –
kein Lüftlein weht –
nur hin und wieder
ein feines Rascheln
als der Blätter leise Lieder –
dann wieder Stille
die uns spüren lässt
SEIN Wille .
Alles wartet –
alles schweigt –
ist ganz hingegeben
ihrem Pflanzenleben
mit heil'gem Lauschen
sie sich berauschen
an den Schöpferwelten
als ihr Spiegelbild –
machen Unsichtbares offenbar –
zeigen auf die eine Welt
die ER im MENSCH erhellt.

Abb.23, Sonnenblume

Abb.24, Libelle

Ökologie

Aus Liebe gewebt ist alles Sein
bis zum feinsten Krümelein –
vom Schneckenhäuschen
bis zum gestirnten Himmelszelt
der kleinste Stein und alle Zellen
sind geronnene Liebeswellen
und dann noch Blüte, Blatt und Tier
alles ist vereint in dir nach SEINEM Bilde
verleiblicht durch der Liebe Milde
und was du hier in dieser Welt verneinst – vernichtest
verneinst – vernichtest du in dir
denn alle Schöpfung ist SEIN Leib
der endlich ganz als MENSCH erscheint.

Abb.25, Empfängnis

Leiblichkeit

Dein Leib
ist der Schlüssel zu Gott
denn ER will mit dir
darin wohnen.

Abb.26, Durchkreuztes Taiji

Dunkelheit und Licht -
Geist und Materie
sind gegensätzlich aus IHM erschaffen
um in uns nach SEINEM
und unserem freien Willem
liebend zu vereinen
um EINS zu sein
und alles zu durchlichten
in uns als
MENSCH.

Abb.27, Innere Sammlung

Vom Geschöpf zum Schöpfer

Gott sucht sich
und findet sich
in uns
als SEIN Geschöpf
die wir uns selber suchen
und endlich finden
in unserem Schöpfer
als schöpferischer
MENSCH.

Abb.28, Erwartender

Evolution

Was ist ein Stein ? –
ein Stückchen ruhender Gott.
Was ist eine Blume ? -
ein Stückchen blühender Gott.
Was ist ein Vogel ?
ein Stückchen singender Gott.
und was ist der Mensch ? –
Der Mensch ist ein Ganzes,
in dem ER sich in dir
in aller seiner Vielfalt
sich wieder selbst vereint.
und sich selbst begegnet.

•

Abb.29, Früchte des Lebens

Apfel-Weisheit

Der Mensch altert nicht –
er reift
wie ein grüner Apfel
zur Süße des Lebens
und teilt sich mit
als Frucht für andere.

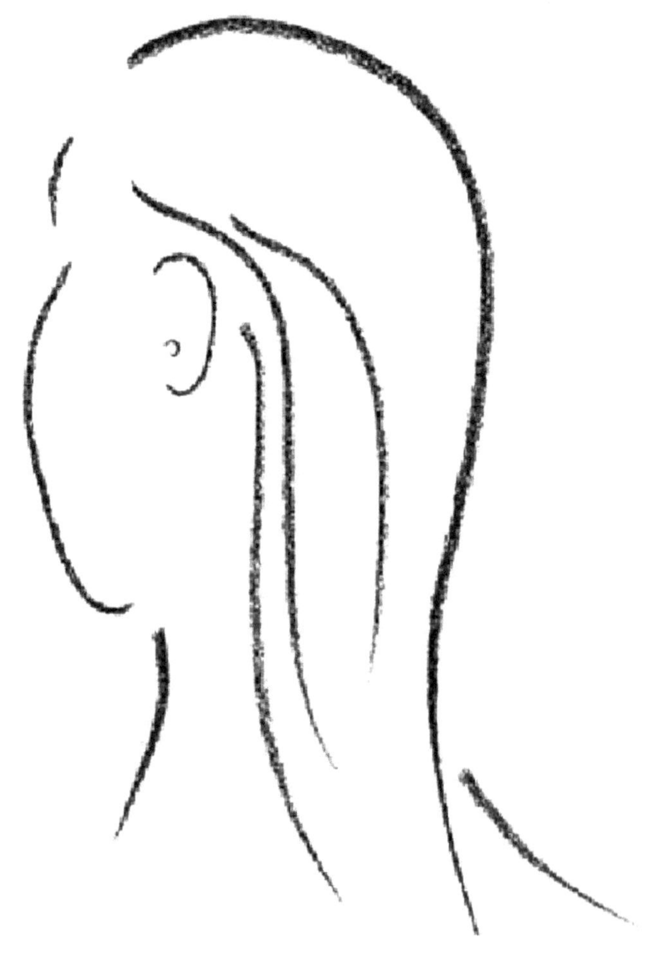

Abb.30, Die Nach- Innen- Hörende

Vision

Ich sehe eine neue Welt – keiner muss mehr leiden
durch Gewalt, Folter oder jegliche Schmerzen
des Leibes und der Seele
weil wir mit SEINEM Geist erfüllt
und sich ein jeder von IHM erschaffen weiß
und alle sich behüten und betreuen
in Freiheit eigener Selbstentscheidung
als SEIN Geschöpf in dem der Schöpfer wohnt
sich selbst zum Bilde
und alle Welt ist EINS - ist SEINS
weil der Mensch den Kosmos spiegelt
und der Kosmos so den MENSCHEN
in dem ER sich selbst verwirklicht.

Abb.31, Sternennacht

Der Himmel in uns

Wenn Sterne und Planeten
in ihrer Stellung
zur Stunde der Geburt
von uns als Menschen künden
können wir ergründen
was unsere Möglichkeiten sind
dass der ganze Himmel
sich in uns entfaltet
und mit uns
die Erde
neu gestaltet.

Abb.32, Angst

Angst als Getrenntsein

Die Angst endet wenn ich zuinnerst glaubend erkenne
was SEIN Wille ist
von nichts äußerem mehr bedrängt sich fühlend -
dem Gewissen – der inneren Gewissheit folgend
der Weisheit des Himmels:
denn da wo ich mit IHM verbunden bin
hat Angst keinen Raum – da ist nur Raum für Liebe –
denn ER ist die Liebe –
nur liebend sind wir eins mit IHM
der in uns wohnt als
MENSCH.

.

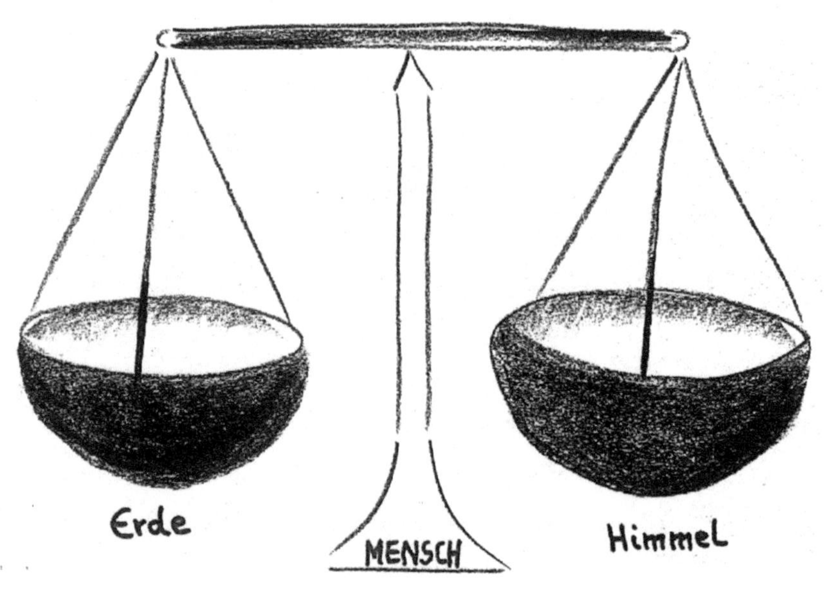

Abb.33, Schöpfungsharmonie

Schwerelosigkeit

Erlebst du täglich große Schwere
die dich niederdrücken will
so ist das große Ehre
für SEINE Kraft die in dir ruht
sich aufzulichten mit viel Mut
und du erkennst das endlich
alle Schwere die noch in dir steckt
nur das eine will:
es wird SEIN Licht in dir geweckt.

Abb.34, Freiheit

Segelboot

Über dem Wasser zu sein –
über den Gefühlen –
segelnd in den Winden freien Geistes
zu kreuzen im offenen Meer
führt dein Schiff zu IHM
der alles erschaffen hat
um mit IHM
vereint zu sein
als
MENSCH.

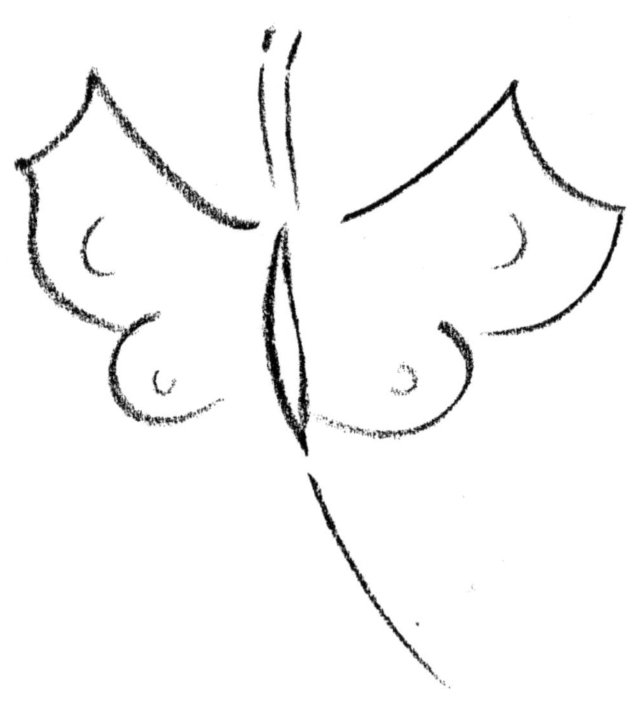

Abb.35, Auferstehung

Apokalyptische Wende

Die Erde ist von einer Plage heimgesucht –
von der fressenden Raupe Mensch
die den grünen Planeten mit all seiner Schöpfung
ausplündert und zerstört.

Doch
dieses Sein endet
in Erstarrung der Larve –
der Mensch erscheint wie tot –
doch im Inneren regt sich neues Leben
und eines Morgens reißt die schützende Hülle
und ein zarter Schmetterling entfaltet
im Sonnenlicht seine farbigen Flügel
und der ganze Kosmos leuchtet
ob der Auferstehung des
MENSCHEN.

Abb.36, Auferstandener

Abb.37, Sinnender

Entdecke in dir
in deinem Herzen
was du draußen im Leben vermisst
und strahle es anderen zu –
das ist der einzige Weg die Welt zu erlösen
und dich selbst.

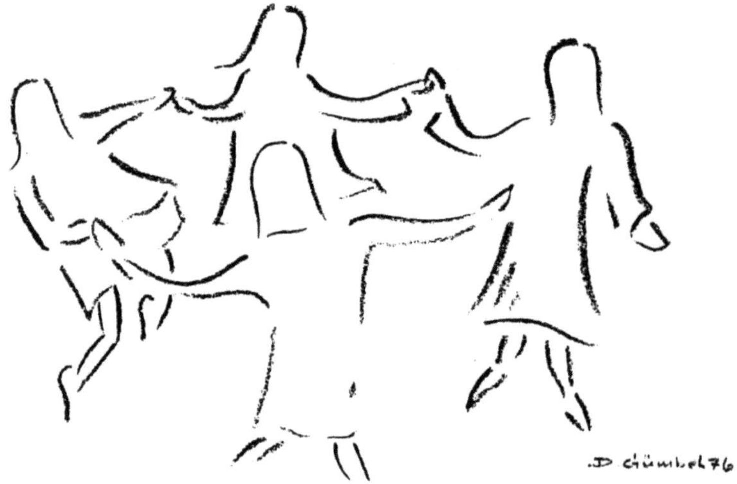

Abb.38, Engelkinder

Kindsein

Kinder
die noch ihrem Engel nahe sind
sehen auch so aus,
und Erwachsene
die uns an Kinder erinnern
sind ihm wieder nah.

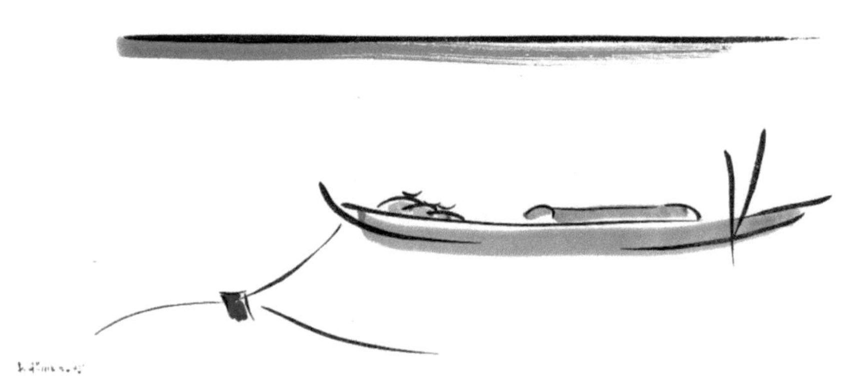

Abb.39, Stille

Der Brunnen
aus dem wir das Wasser des Geistes schöpfen
heißt
Stille.

Abb.40, Licht kreuzt Dunkelheit

Engelweisheit

Verurteile niemanden –
auch dich nicht selbst –
verbinde die Dunkelheit
mit dem Licht in dir –
denn was immer das Dunkle
bedeuten mag
es schwindet im Licht
das uns zum MENSCHEN macht.

Abb.41, Himmelskörper – Körper des Himmels

Die Erde - Zentrum des Kosmos

Die Erde dreht sich um sich selbst
wie das Ego
aber zugleich steht sie auch still
weil der gesamte Kosmos sich in vierundzwanzig Stunden
einmal um die Erde dreht.
Beides ist wahr – beides geschieht gleichzeitig -
je nach Standpunkt des Beobachters –
ist es die Sonne
oder ist es die Erde auf der du stehst
auf der der Schöpfer des Kosmos geboren wurde
als
MENSCH.

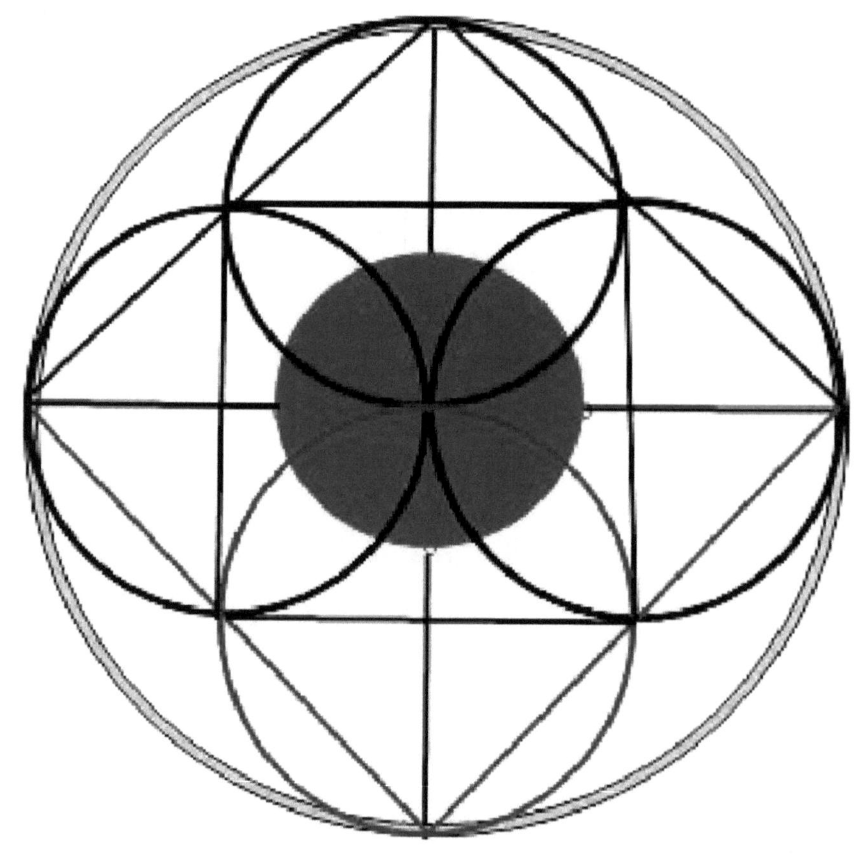

Abb., 42, Die Erde - Zentrum des Kosmos

Abb.43, Kosmischer Wirbel

Neuschöpfung

Das hiesige Leben
ist noch ein halbes Leben
da wir noch sterben in dieser Welt
bis uns SEIN LICHT erfüllt
dann stirbt der Tod
und LICHT und Leib
sind dann vereint
als Lichtmaterie
als ganzer
MENSCH.

Abb.44, Lichtmaterie

DU BIST der SINN

VATER – die ganze Schöpfung ist DEIN Leib
und Du gabst uns Sinne ihn zu erfahren.
Wir ertasten DICH mit unseren Händen
und DU begreifst DICH selbst durch uns.
Wir kosten DEINE Schöpfung mit unserer Zunge
und DU schmeckst DICH selbst durch uns.
Wir atmen DEINEN Duft in allen Düften
mit unserer Nase,
und DU riechst DICH selbst durch uns.
Wir hören DICH in allen Tönen, Lauten und Stimmen der Natur
mit unseren Ohren
und DU hörst DICH selbst durch uns.

DU hörst DICH sprechen mit unserer Stimme.
Wir sehen DICH in allen Formen und Farben
und DU erblickst DICH selbst durch uns.
DEIN Antlitz spiegelt sich in unserem,
wenn DEIN LICHT uns erhellt
und unser göttlich Auge sieht
dann bist DU in uns
in unseren Herzen
der DU die LIEBE bist.
DU BIST der SINN
da wir uns nur erfahren können
in DEINEM SINNE.

Abb.45, Weihnachsstern

Dunkelheit fordert Licht

Wenn das Dunkle
das Licht herausfordert
ist das ein von Gott gewollter Prozess
der die Auflichtung des GANZEN will.

Es gilt die Dunkelheit zu lieben
die das Licht leuchten macht -
die SEIN LICHT leuchten macht
der beides erschuf
das uns erleuchtet
und alles erhellt.

CD: MUSIK-GEDICHTE

(in Deutsch)

Hören / Listen
Sehen / See
Fühlen / Sense

01 Indian Feeling 2:27
02 Wood Morning 2:19
03 Rainy Day 2:37
04 Everything is Vibration3:45
05 Rocky Coast Sound, El Bufadero 2:51
06 Evening Silence 3:48
07 Deep in the Sea 3:43
08 Angelic Wisdom 3:07
09 Mystic Indian Heart 3:28
10 Yearning Moment 1:50
11 Pine 3:06
12 Happiness 2:15
13 Sounding New World 4:22
14 Life-giving Water 1:31
15 Birds Song 3:24
16 Butterfly 1:12
17 Discover Within You 2:10

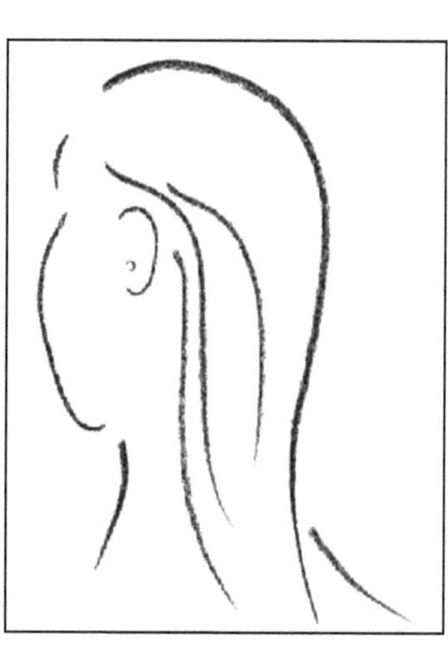

Titel & Cover-Zeichnung / Titles & Cover design, Dietrich Gümbel
Kompositionen / Compositions: Werner Müller
Performers: Dietrich Gümbel (Native Indian Flutes, Cosmoharp, Lithophone). Werner Müller: Sound design
Dietrich Gümbel liest seine Gedichte, untermalt mit entspannender Musik. / D.Gümbel reads his poems, highlighted with relaxing music.

COSMO-THERAPIE DR.GÜMBEL
10, rue A.Schweitzer, F-68140 Gunsbach, Tel: 0033-38977-0724 , dr.guembel@wanadoo.fr /
www.cosmotherapy.de / www.cosmomusic.de

Entdecke in dir
in deinem Herzen
was du draußen im Leben vermisst
und strahle es anderen zu –
das ist der einzige Weg die Welt zu erlösen
und dich selbst.

Explore in your heart
what you are missing in your life
and radiate it to others –
that is the only way
to change the world for better
and yourself.

Literatur-Verzeichnis / List of References

- **Dworzynski, Adam,** Das Johanneische Menschenbild, Kaufbeuren 1983, Selbstverlag, ISBN 3-9800846-0-4 (*zu beziehen über den Autor*)
- **Dworzynski, Adam,** *(Pseudonym: Simon Hofmann),* Vor dem Antlitz des Gottes, Die apokalyptische Vision des Sehers, Selbstverlag (*zu beziehen über den Autor D.Gümbel*)
- **Dworzynski, Adam,** *(Pseudonym: Simon Hofmann)* Die Logos-Tat „ICH BIN". Bd.I ,. Selbstverlag, Kaufbeuren 1968 (*zu beziehen über den Autor D.Gümbel*)
- **Dworzynski, Adam,** *(Pseudonym: Sim on Hofmann)* Die Logos-Tat „ICH BIN" , Bd.II Deutung und Tiefenschau, Selbstverlag, Kaufbeuren 1982, Selbstverlag (*zu beziehen über den Autor D.Gümbel*)
- **Gümbel, D.,** Ganzheitliche Therapie mit Heilkräuter-Essenzen, Heidelberg 1996, ISBN 3-7760-1341-9
- **Gümbel, D.,** Wie neugeboren mit Heilkräuter-Essenzen und Farben, Karl F. HAUG-Verlag, Heidelberg 1995, ISBN 3-7760-1504-7
- **Gümbel, D.,** Heilen durch die Sinne – Die Cosmo-Therapie, Karl F. HAUG-Verlag, Heidelberg 1998, ISBN 3-7760-1661-2
- **Gümbel, D.,** COSMOMUSIK, Vaasa / Finnland 2011, ISBN 978-952-5318-35-7
- **Gümbel,D.,** Vibração Essência da criação/Música da vida, **EDITORIA LASZLO,** Belo Horizonte, Brasilien, 2017, ISBN 978-85-5754-013-2
- **Gümbel,D., Wolff, Hans-Friedrich,** Weg-Notizen in Bildern und Worten,F-68140 Gunsbach 2014, Selbstverlag
- **Gümbel, D.,** Die Einswerdung des Menschen oder das Ende der Scham, Fromm-Verlag, 2019, ISBN 978-620-2-44138-4
- **Gümbel, D.,** Healing through the Senses – Sensing the Spiritual World, Lambert Academic Publishing, Saarbrücken 2019, ISBN 978-620-0-23130-7

Abbildungsverzeichnis / Figures

25. Empfängnis
26. Durchkreuztes Taiji
27. Innere Sammlung
28. Erwartender /
29. Früchte des Lebens
30. Die Nach-Innen-Hörende
31. Sternennacht
32. Angst
33. Schöpfungsharmonie
34. Freiheit
35. Auferstehung
36. Auferstandener
37. Sinnender
38. Engelkinder
39. Stille
40. Licht kreuzt Dunkelheit
41. Himmelskörper – Körper des Himmels
42. Die Erde - Zentrum des Kosmos
43. Kosmischer Wirbel
44. Lichtmaterie
45. Weihnachtsstern

Adresse des Autors

Dr.Dietrich Gümbel

10, rue A.Schweitzer, F-68140 Gunsbach, / Elsass / France

Tel: 0033-38977-0724 , dr.guembel@cosmotherapy.de

www.cosmotherapy.de

Printed by Books on Demand GmbH, Norderstedt / Germany